ORDRE DES AVOCATS

AU CONSEIL D'ÉTAT ET A LA COUR DE CASSATION

SÉANCE D'OUVERTURE

DE LA CONFÉRENCE DU STAGE DES AVOCATS A LA COUR DE CASSATION

du 12 novembre 1892.

DISCOURS

DE Me SABATIER

Président de l'Ordre.

Messieurs,

J'ai à peine besoin de vous dire quels sentiments j'apporte en prenant place aujourd'hui pour la première fois au milieu de vous : ce sont ceux du président auquel je succède, ceux du Conseil dont je suis ici le représentant, ceux de l'Ordre tout entier : nous avons, les uns et les autres, le plus vif désir que votre Conférence, qui est destinée à être de plus en plus la pépinière de notre Ordre, soit aussi de plus en plus l'école véritable où se formeront nos successeurs.

A vrai dire, vous ne pourriez choisir une meilleure école pour mettre en œuvre les connaissances que vous avez acquises ailleurs et pour compléter votre préparation à la vie professionnelle que vous souhaitez. Dans la Conférence voisine, qui est propre aux stagiaires du barreau de la Cour d'Appel, c'est une question de pur droit qui est mise en discussion, abstraction faite de toute circonstance d'espèce, de méthode ou de juridiction. Vos anciens se sont assigné un but plus pratique : ils se sont inspirés des conseils de l'illustre chancelier d'Aguesseau, qui recommandait déjà aux stagiaires de son temps « de prendre dans le *Journal des Audiences* ou dans quelqu'autre recueil d'arrêts, un fait qui ait donné lieu d'agiter une question de droit, de bien lire les moyens des deux parties et le discours de l'avocat général et de composer ensuite un plaidoyer tel qu'on le ferait, si l'on était obligé de parler sur une affaire semblable. » Vos exercices hebdomadaires, image exacte des discussions que vous aurez à soutenir un jour, sont calqués sur ce modèle ; ils vous fournissent l'occasion de développer, au service de clients imaginaires, les mêmes qualités d'esprit et d'élocution que vous emploierez plus tard au profit de vos vrais clients, en sorte que le jour où vous entrerez dans nos rangs, vous n'aurez qu'à descendre à l'audience, tels que vous êtes, sans avoir besoin d'assouplir votre intelligence et votre langage à des habitudes nouvelles.

Vous y trouvez aussi un avantage considérable : celui de vous faire connaître tout entiers aux autres et à vous-mêmes. Il y a des esprits réfléchis, pleins de savoir, rompus aux affaires, que la parole publique déconcerte et qui y perdent la plupart de leurs moyens; il y en a d'autres qui, avec moins de moyens naturels ou acquis, paraissent

ORDRE DES AVOCATS

AU CONSEIL D'ÉTAT ET A LA COUR DE CASSATION

SÉANCE D'OUVERTURE

DE LA CONFÉRENCE DU STAGE DES AVOCATS A LA COUR DE CASSATION

du 12 novembre 1892.

DISCOURS

DE Me SABATIER

PRÉSIDENT DE L'ORDRE.

(Imprimé aux frais de l'Ordre.)

plus complets à l'audience, grâce à l'aisance avec laquelle ils conduisent le débat oral. Les uns et les autres s'ignorent eux-mêmes, et ils s'ignoreraient peut-être longtemps, si vos exercices ne leur servaient de pierre de touche et ne traçaient assez rapidement la ligne de démarcation entre ceux dont une carrière différente utiliserait mieux les facultés et ceux que notre Ordre a intérêt à conquérir. Votre président rend compte chaque semaine au Conseil de cette épreuve sans cesse renouvelée, et vous pouvez être certains qu'aucun sujet ne retient plus volontiers notre attention. Nous avons constamment les yeux fixés sur vous comme sur l'avenir : nous applaudissons aux talents qui se révèlent, encore plus à ceux qui grandissent, encore plus à ceux qui luttent avec courage ; et vraiment, je puis le dire sans avoir à me reprocher une flatterie qui ne serait digne ni de vous ni de moi, nous n'avons pas de raison d'être inquiets. C'est avec une pleine satisfaction et même avec une certaine fierté que nous pouvons envisager le moment, variable pour chacun de nous, où nous aurons à vous confier le dépôt des traditions, de l'honneur et de la juste renommée de notre Ordre.

J'espère que, pendant les trois années que nous avons à passer ensemble, votre Conférence répondra aussi parfaitement qu'elle l'a fait jusqu'ici à nos désirs et aux vôtres. La direction de vos travaux est l'un des devoirs éminents de ma charge : elle en constituera aussi la fonction la plus douce et la plus chère. Mon prédécesseur m'a laissé à cet égard, comme à tous autres, un exemple qu'il me suffira de suivre : il n'a pas seulement accompli avec bonheur la réforme qui a donné une impulsion nouvelle à votre bonne volonté ; il a encore établi entre vous et le président de l'Ordre des rapports que sa rare bienveillance a rendus précieux pour tous. Je ne souhaite que de rendre ces rapports durables, heureux si je puis, comme lui, obtenir votre confiance et être parfois utile à votre carrière.

Me permettrez-vous d'essayer de l'être, dès aujourd'hui, en vous entretenant quelques instants des études qui, en dehors de vos travaux écrits et de vos exercices oraux, peuvent contribuer à votre préparation intellectuelle ?

Vous êtes trop intimement mêlés à nos travaux pour qu'il soit nécessaire de vous rappeler longuement le rôle propre et traditionnel du barreau dont vous désirez faire partie. Vous savez que, placé auprès des deux hautes juridictions qui exercent un contrôle souverain sur l'ensemble des autorités judiciaires et administratives, il est en quelque sorte associé à leur œuvre et absorbé, comme elles, dans l'application constante de la loi. Il peut y avoir ailleurs autant et même plus de science juridique ; nulle part, j'ose l'affirmer, la pratique du droit n'est plus exclusive, plus complète et plus profonde. Si j'avais à choisir pour notre Ordre une devise et des armes, je proposerais d'entourer un code d'un exergue ainsi conçu : le droit, rien que le droit, tout le droit. Rien que le droit ! ce qui implique la distinction fondamentale du droit et du fait : dans la plupart des affaires qui sont portées devant la Cour de Cassation, comme dans beaucoup de celles qui sont jugées par le Conseil d'Etat, la recherche des actes, des intentions, des preuves, nous échappe ; les éléments de fait sont fixés par la décision judiciaire ou administrative dont le sort est en jeu. Il faut avouer que la discussion ainsi limitée est quelquefois aride : être perpétuellement en contact avec les idées, les systèmes, les intérêts, les situations juridiques, et jamais ou presque jamais avec l'homme lui-même, avec ses passions, ses vertus, ses faiblesses, c'est demeurer, pour ainsi dire, en dehors des régions les plus attrayantes de l'ordre judiciaire. J'en connais parmi nous qui ne se sont jamais entièrement consolés d'être privés de ces excursions psychologiques auxquelles donnent lieu les grands procès criminels ou les grandes questions d'Etat. Mais, ai-je ajouté, tout le droit ! L'horizon, de ce côté, est assez large pour nous dédommager de ce qui nous manque de l'autre. Il n'a pas d'autres limites que celles de la loi elle-même. Il ne s'élève pas une question de droit, dans une manière quelconque, devant une juridiction quelconque, sans qu'elle vienne ou tout au moins qu'elle puisse aboutir à la Cour de Cassation ou au Conseil d'Etat. Droit civil, droit commercial, droit criminel, droit fiscal, droit administratif, toute l'encyclopédie du droit passe et repasse sans cesse dans notre pratique quotidienne, avec cette infinie variété d'aspects qui correspond exactement à la variété des rapports des hommes entre eux. Ajoutez à cela que nos deux juridictions ont pour mission de fixer la jurisprudence et qu'elles le font naturellement, avec l'ampleur de vues et la rigueur scientifigue qui conviennent aux solutions définitives. De là, pour nous, si nous voulons être des collaborateurs utiles, la nécessité d'aller au fond de tout, d'écarter les fausses lumières artificielles, les aperçus légers qui flottent au-dessus de chaque discussion, de tout rattacher aux principes immuables, de ne rien laisser dans l'ombre et inexploré, de porter enfin dans chaque sujet, l'analyse, la précision et, pourquoi reculerais-je devant le mot ? la subtilité, sans lesquelles on n'arrive jamais tout à fait au bout de la vérité juridique. Voilà, en quelques traits essentiels, l'emploi auquel vous devez préparer vos intelligences.

Le but étant ainsi défini, vous attendez peut-être que je

vous propose, pour votre préparation intellectuelle, la même formule que pour vos fonctions futures : puisque vous êtes destinés à concentrer plus tard toutes les forces de votre esprit sur la pratique du droit, vous croyez, soyons plus sincères, vous craignez sans doute que je ne vous engage à explorer dès à présent, nuit et jour, cet immense domaine. A Dieu ne plaise que je vous donne un conseil de ce genre ! Il faut profiter ici des leçons sérieuses que vous fournissent vos plaisirs des vacances. Si vous avèz gravi quelque sommet escarpé dans l'une de ces longues et lentes ascensions qui procurent au corps et à l'âme des joies si délicates, vous avez pu vous convaincre que, lorsque le but est élevé, le moyen de l'atteindre le plus rapidement est souvent de lui tourner le dos. Il y a de même, dans les ascensions intellectuelles, des lacets nécessaires. A se fatiguer sans relâche sur la même matière on perd souvent plus qu'on ne gagne : les études qui en écartent en apparence l'esprit sont souvent celles qui y ramènent le plus vite. L'essentiel est de bien choisir ces digressions. Mais quand il s'agit de préparer l'intelligence à cette pratique du droit que j'ai esquissée tout à l'heure, il ne peut pas y avoir de difficulté dans le choix. Ce qui importe, en effet, autant que vos travaux écrits et vos exercices oraux qui composent votre préparation technique, ce qui est certainement plus nécessaire que d'accumuler dans votre mémoire les textes, les précédents, les commentaires, tant de matériaux divers qui remplissent toutes les bibliothèques, c'est do cultiver, de développer, de polir, d'orner de toute manière la faculté maîtresse qui sera votre instrument de travail, celle par laquelle vous remonterez à la source éternelle de toute justice, et en dehors de laquelle il n'y a pour personne ni discernement du vrai et du juste, ni ordre, ni méthode, ni démonstration scientifique : j'ai nommé la raison. C'est le jurisconsulte, encore plus que l'homme, qui est et doît être un être raisonnable : je dis raisonnable et non pas raisonnant, ce qui n'est pas toujours la même chose. Plus vous aurez rendu votre raison droite, sincère, loyale, plus vous lui aurez inspiré le goût du simple, du vrai, des clartés tranquilles, plus vous l'aurez en même temps assouplie et comme allégée de tous les poids étrangers qui l'alourdissent, plus vous aurez avancé, sans qu'il y paraisse, votre préparation juridique.

Si vous parcourez le plan d'études écrit par le chancelier d'Aguesseau pour son fils dans les premières années du XVIIIe siècle, vous y verrez comment on entendait, à cette époque, former un magistrat. L'étude de la jurisprudence y occupe, naturellement, une place importante. Le programme, tel que d'Aguesseau le trace, équivaut à nos fortes études classiques, avec cette différence qu'au lieu de puiser la pure doctrine dans des traités d'une lecture généralement facile et parfois même agréable, on apprenait alors le droit Romain, le droit Ecclésiastique, et le droit Français dans des compilations, des commentaires, des paraphrases, la plupart d'une latinité douteuse, qui nous feraient aujourd'hui reculer d'horreur. Mais cette étude, loin d'être exclusive, était associée à celles de la philosophie, de la religion, de l'histoire, des belles-lettres, comme si toutes les facultés de l'homme devaient recevoir en même temps le même aliment et la même direction. Les instructions de d'Aguesseau, sur chacune de ces branches des connaissances humaines, proposent de tels développements, entrent dans de tels détails, agitent une telle masse de documents, qu'il semble que chacune d'elles aurait dû exiger la vie tout entière : comme l'histoire, par exemple, qui comprend dans son cadre singulièrement élargi d'abord des préliminaires, c'est-à-dire la chronologie, la géographie, l'analyse des principaux auteurs qui ont traité des fondements de la société civile, du gouvernement en général et du droit des gens, depuis Platon et Aristote jusqu'à Puffendorf et Grotius ; ensuite, la lecture des diverses histoires, l'histoire universelle, l'histoire sacrée, l'histoire grecque, l'histoire romaine, l'histoire de France, et cela autant que possible dans les textes originaux eux-mêmes ; enfin, ce que d'Aguesseau appelle les secours et les accompagnements de l'histoire, tels que la lecture des voyages, l'étude des médailles et des inscriptions, celle des généalogies et celle des trente volumes in-folio de Gronovius sur les antiquités grecques et romaines !

Encore d'Aguesseau n'est-il pas satisfait de son programme, qui était, paraît-il, beaucoup au dessous de celui d'un jurisconsulte du XVIᵉ siècle, Jeau Bodin ; et il s'en excuse avec mélancolie dans une page bien souvent citée : « Dans le temps, écrit-il, que les magistrats se levaient à quatre heures du matin, qu'ils dînaient à dix et soupaient à six, qu'ils vivaient renfermés dans le cercle étroit de leurs familles et d'un petit nombre d'amis qui avaient les mêmes mœurs et les mêmes inclinations qu'eux, que tout ce que les fonctions publiques leur laissaient de loisir, ils l'employaient à l'étude qui faisait en même temps et leur unique occupation et leurs plus grandes délices, un jeune homme destiné à la magistrature pouvait n'être pas effrayé d'un plan aussi immense que celui de Bodin ». Je ne sais pas ce que font ou peuvent faire les jeunes gens qui se destinent de nos jours à la magistrature ; je ne suis même

pas assez au courant des habitudes de nos magistrats pour
savoir l'heure à laquelle ils se lèvent et celle à laquelle ils
se couchent. Mais je dois avouer avec confusion que le
plan d'études de d'Aguesseau aurait tout au moins, dans
notre barreau, agité et distrait, comme la société qui l'en-
toure, aussi peu de succès que celui de Bodin lui-même.
Aussi, quelque intrépides que je suppose vos courages, ne
vous proposerai-je pas d'entreprendre une pareille tâche.
Ce que je vous engage seulement à en retenir, c'est l'ins-
piration générale, l'idée dominante, aussi vraie et aussi
juste aujourd'hui qu'au dix-huitième siècle, à savoir qu'on
ne devient un jurisconsulte qu'en faisant une part, et une
part sérieuse, au développement des facultés de l'homme.
N'essayez pas, je le comprends, d'embrasser, dans un effort
multiple et nécessairement inégal, l'ensemble des sciences
humaines : choisissez, du moins, entre toutes les études
que d'Aguesseau considérait comme principales et qui ne
peuvent plus être que secondaires, celle qui convient le
mieux à vos aptitudes et à vos goûts ; quelle que soit la
voie que vous adopterez, elle vous ramènera sûrement au
but, et même, si, chemin faisant, vous voulez un bon
guide, bien qu'un peu vieux peut-être et passablement
austère, adressez-vous à d'Aguesseau lui-même, vous n'en
rencontrerez jamais un meilleur pour la haute éducation
de votre âme et de votre esprit !

Avez-vous, par exemple, l'esprit naturellement tourné
vers les spéculations métaphysiques ? Faites de la philosophie. Ce n'est pas une occupation banale ni même à la
mode : les jardins d'Académus sont beaucoup moins fré-
quentés que les boulevards ; mais il y a des sentiers lumi-
neux où l'on peut s'instruire et se plaire. Vous y serez
d'abord en contact avec les plus beaux génies de tous les

âges. Vous y goûterez les jouissances que l'esprit humain trouve depuis tant de siècles dans la contemplation sans cesse rajeunie des plus grands objets de la pensée, Dieu. l'âme, l'univers, les choses visibles et invisibles. Cela vaut bien la peine de se détourner un instant des routes battues. Mais je me hâte de vous assurer que vous en retireriez des profits plus immédiats et plus tangibles. Pour peu que vous en soyez curieux, la philosophie vous rendra compte de l'origine, de la portée et de la valeur des premiers principes sur lesquels reposent la jurisprudence et les lois elles-mêmes. Qu'est-ce que la notion du juste et de l'injuste, celle du tien et du mien, celle de la réparation et de la peine, et tant d'autres ? Autant de notions fondamentales qui sont latentes au fond de la raison et de la conscience et que la philosophie précise et éclaire. La philosophie rend, en somme, à la science du droit le même service qu'aux autres sciences ; elle lui fournit ses idées premières, ses maximes régulatrices, ses axiomes irréductibles, sur lesquels la science du droit élève ensuite son édifice propre. Aimez-vous mieux vivre tranquillement sur la foi des principes et n'avez-vous aucune envie de fouiller et de creuser le sol sur lequel vous marchez chaque jour ? La philosophie vous apprendra encore à marcher, c'est-à-dire à penser et à raisonner. Non pas que je veuille dire qu'on ne pense et qu'on ne raisonne exactement que si l'on est philosophe ; l'histoire de la philosophie protesterait tout entière contre une pareille flatterie ; mais les erreurs des philosophes tiennent à leur vanité et non à leur méthode. La méthode philosophique, toute d'observation intime et d'analyse, est excellente pour l'investigation et pour la démonstration de la vérité. Il faut la prendre aux philosophes, et leur laisser leurs systèmes.

Quand vous l'aurez appliquée pendant un certain temps
aux idées pures et que vous la transporterez ensuite dans
le milieu plus grossier des idées juridiques, vous verrez
ce que votre esprit y aura gagné de souplesse et de force.

Malgré cette utilité de la philosophie, préférez-vous l'é-
tude des faits humains, des événements, des réalités de
l'histoire ? Je n'y fais pas d'objection, pourvu que vous
cherchiez dans l'histoire les leçons dont elle est pleine,
autant que les amusements qu'elle vous offre à chaque
page. Grâce à la philosophie, vous pouvez perfectionner
en vous la raison qui pense ; grâce à l'histoire, celle qui
juge. C'est dans ce sens qu'on a dit que l'histoire est, pour
chacun de nous, une vieillesse anticipée, ce qui est, je le
reconnais, une recommandation médiocre : mais bien que
rien ne remplace l'expérience personnelle de la vie, il ne
faut pas mépriser celle qu'on acquiert dans les livres, qui
est, d'ailleurs, généralement moins coûteuse que l'autre.
Il y a seulement bien des manières de profiter de l'histoire,
selon le point de vue auquel on se place. On peut la considérer comme une seconde philosophie et y chercher la
véritable nature de l'homme, qui se répand dans les dra-
mes historiques, en tant de contrastes, en bassesse et en
grandeur, en desseins généreux et en calculs perfides, en
crimes atroces et en actions héroïques. C'est le point de
vue du moraliste. Nous pouvons aussi, malgré notre vue
courte et nos horizons bornés, essayer d'entrevoir dans la
trame des siècles l'image d'une Providence toujours atten-
tive et toujours juste, qui tantôt éprouve la vertu, tantôt
fait éclater le châtiment du vice, et qui exerce successi-
vement sa justice sur toutes les nations, en faisant tout
servir à l'accomplissement de ses desseins. C'est le point
de vue du théologien : Bossuet a été admirable dans ce

genre difficile. Nous avons enfin, depuis la Révolution Française, une autre conception de l'histoire qui s'attache plus particuliérement aux faits généraux et permanents des sociétés humaines, aux conditions constantes de la vie des peuples, aux dévcloppements des institutions politiques ou sociales. L'histoire ainsi comprise s'anime d'une vie nouvelle ; ces grandes masses profondes qu'on appelle les peuples, qui apparaissent si confusément dans les récits des historiens d'ancien régime, envahissent de plus en plus la scène, où, à mesure qu'on les observe davantage, on les voit tout produire, tout créer : les idées, les mœurs, la langue, les institutions, le droit lui-même. C'est là, à proprement parler, le point de vue du jurisconsulte. Montesquieu a dit, il y a longtemps, qu'il fallait éclairer l'histoire par les lois, et les lois par l'histoire. Notre siècle a réalisé cette parole : jamais le droit et l'histoire n'ont jeté l'un sur l'autre des lumières plus vives et plus saisissantes.

Voulez-vous, enfin, vous délasser simplement dans la lecture des ouvrages d'imagination et de goût, des poètes, des moralistes, des auteurs tragiques ou comiques, de tous ceux, en un mot, auxquels nous devons, dans les belles-lettres, l'enchantement de l'oreille et de l'âme ? J'y consens volontiers. Pourquoi vous refuseriez-vous ces plaisirs exquis? Pourquoi retiendriez-vous votre imagination à l'âge où elle s'envole ? Pourquoi étoufferiez-vous la flamme intérieure, alors qu'elle brille de son éclat le plus pur? Elles viendront assez tôt les années moroses où vous écouterez, seuls, la froide raison, le dur bon sens, l'inexorable logique. D'ailleurs, ce serait une erreur de croire que les belles-lettres ne touchent que l'imagination et la sensibilité et n'embellissent que les dehors de l'intel-

ligence ; elles en épurent et en affinent la partie la plus
subtile, la plus indéfinissable, le goût, qui a sa place marquée dans toutes les œuvres de l'esprit, qu'il s'agisse
d'une démonstration juridique ou d'un récit d'histoire, ou
d'un traité de philosophie. Même dans un mémoire, même
dans une consultation sur un point de droit, il y a un art
véritable, bien qu'un peu caché, qui tient à l'ordonnance
générale des idées, au choix des arguments, à cette élégance particulière d'un style absolument limpide, sans
autre ornement que sa limpidité même, dont Pothier nous
a laissé le plus parfait modèle. Même la plaidoirie purement juridique est soumise aux conditions ordinaires de
la parole publique devant des hommes assemblés, dont les
uns, à l'esprit prompt et vif, doivent être retenus, de peur
qu'ils ne devancent le discours, et dont les autres, d'humeur plus calme, doivent être quelquefois aiguillonnés,
de peur qu'ils ne puissent plus le suivre. L'avocat qui
dédaigne d'orner sa plaidoirie de tous les agréments dont
elle est susceptible, s'expose sans excuses à cette situation
désagréable, je devrais dire à ce châtiment, de rester seul,
avec sa propre pensée, au milieu de ses auditeurs qui
l'abandonnent, les uns pour arriver plus vite, et les autres
pour rester en place. Dans son dialogue sur les orateurs,
Tacite, qui fut un peu avocat et qui fut, dans tous les cas,
l'ami de tous les grands avocats de son siècle, a là-dessus
un mot d'une énergie sans pareille, comme il lui arrive
souvent. Il se plaint de ces juges qui n'avaient pas de patience, qui n'auraient pas été capables d'entendre les cinq
oraisons de Cicéron contre Verrès, ni les interminables
exceptions des plaidoyers pour Tullius ou pour Cœcina :
« ceux-là, dit-il, il faut que l'avocat les attire, les corrompe par la verve de l'argumentation, par l'éclat des

pensées, par la beauté et le fini des descriptions ». Corrompre, c'est peut être beaucoup dire ; disons plus simplement charmer. Aucun de ceux qui parlent en public n'est dispensé de ce soin, pas même un jurisconsulte, qui s'adresse à d'autres jurisconsultes, même aux plus éclairés et aux plus bienveillants des jurisconsultes. Souvenez-vous toujours que l'art méconnu se venge de ceux qui le méprisent, et souvenez-vous aussi que c'est dans le culte des lettres que vous trouverez ce sentiment de l'ordre et de proportion dans le discours, de la propriété des termes, de l'harmonie constante entre la pensée et la forme, qui assurera, en toute occasion, à votre parole le charme propre à toutes les œuvres achevées.

Philosophie, histoire, belles-lettres, que sais-je encore ? toutes ces études sont bonnes, pourvu qu'elles vous conviennent. Faites-leur une part dans votre existence. Qu'il y ait comme une réserve sacrée au milieu de vos divertissements et de vos travaux. Ne laissez jamais envahir par la végétation touffue des affaires, des occupations mondaines, des complications désordonnées de la vie, cette source profonde où votre raison se retrempera et se rajeunira sans cesse.

Ne craignez pas, d'ailleurs, de faire bonne mesure et de dépasser la limite que vous vous serez imposée à vous-même. Avant d'être des jurisconsultes, vous êtes des hommes, chargés d'un dépôt précieux que vous devez rendre intact et même augmenté au Créateur de toutes choses : ce que vous ferez de trop pour le jurisconsulte ne sera pas perdu pour l'homme. Vous n'attacherez jamais assez de prix à cette culture de la raison pour la raison elle-même, pour la satisfaction du devoir accompli, et aussi pour le profit que vous en retirerez sans peine. Il n'y a pas, de nos jours, de fortune plus solide qu'une intelligence bien cultivée ; celle-là est à l'abri du vol, des mauvais placements et de l'impôt ; elle augmente même de valeur avec les années. Son seul défaut est d'être viagère. Les économistes estiment, par des calculs ingénieux, la puissance d'acquisition de l'argent aux diverses époques de l'histoire. Soyez sûrs que c'est notre siècle qui a attribué la plus grande puissance d'acquisition à l'intelligence humaine, et cette puissance d'acquisition sera plus grande encore dans le siècle prochain. J'entends parfois des esprits sages s'émouvoir des menaces que le socialisme ou collectivisme adresse à la société actuelle et se demander avec angoisse ce que seront les temps futurs. Les continents inconnus vers lesquels cinglaient, il y a quatre siècles, les caravelles de Christople Colomb, n'offraient pas plus de mystère et de terreur aux imaginations des peuples que les mondes nouveaux sur lesquels va se lever le soleil du vingtième siècle. J'avoue que je suis, en un sens, plus optimiste et que, au milieu de périls trop réels, je vois dès à présent à l'horizon un siècle où dominera l'intelligence.

Savez-vous, au surplus, ce que l'avenir vous réserve à vous-mêmes ? Je ne vous dirai pas de considérer votre charge, quand vous en aurez une, comme un passage et une sorte de stage ouvert sur toutes les fonctions publiques. Notre profession mérite qu'on s'y attache pour elle-même et qu'on en fasse l'emploi de sa vie entière. On ne sert pas seulement son pays, quand on sert l'Etat : on le sert encore toutes les fois qu'on fait entrer dans le monde une parcelle quelconque de vérité ou de justice. Mais il n'est nullement téméraire, quand vous voyez à quelles grandes fonctions notre profession a conduit quelques-uns des meilleurs d'entre nous, de porter plus loin vos vues et d'ordonner l'effort de vos intelligences en prévision d'une fortune plus haute. C'est là une ambition très noble et très légitime, contre laquelle je n'ai point, tant s'en faut, à vous prémunir, et qui peut s'accommoder, au contraire, d'un conseil que j'emprunte à Quintilien : *Altius ibunt qui ad summa nitentur*, ce qu'on pourrait peut-être traduire librement en ces termes : ceux-là atteindront les sommets les plus élevés de la vie sociale qui perfectionneront sans cesse leur intelligence, et qui tâcheront d'être toujours au-dessus de leur destinée !

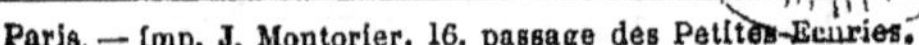

Paris. — Imp. J. Montorier, 16, passage des Petites-Écuries.